CHEMIN DE FER DE LIBOURNE A BERGERAC.

PROCÈS-VERBAUX

DES DEUX SÉANCES

En date des 16 décembre 1865 et 20 janvier 1866

DE L'ASSEMBLÉE GÉNÉRALE

DES ACTIONNAIRES

PARIS

IMPRIMERIE CENTRALE DES CHEMINS DE FER

A. CHAIX ET Cie.

RUE BERGÈRE, 20, PRÈS DU BOULEVARD MONTMARTRE

1866

CHEMIN DE FER DE LIBOURNE A BERGERAC.

PROCÈS-VERBAUX

DES DEUX SÉANCES

En date des 16 décembre 1865 et 20 janvier 1866

DE L'ASSEMBLÉE GÉNÉRALE

DES ACTIONNAIRES

PARIS

IMPRIMERIE CENTRALE DES CHEMINS DE FER

A. CHAIX ET Cie,

RUE BERGÈRE, 20, PRÈS DU BOULEVARD MONTMARTRE

1866

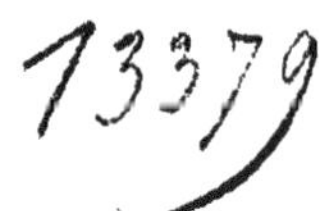

PROCÈS-VERBAL RECTIFIÉ

De la séance du 16 décembre 1865.

ASSEMBLÉE GÉNÉRALE DE LA COMPAGNIE ANONYME

DU

CHEMIN DE FER DE LIBOURNE A BERGERAC

PROCÈS-VERBAL RECTIFIÉ

DE

La séance du 16 décembre 1865 de l'assemblée générale
de la Compagnie anonyme
du chemin de fer de Libourne à Bergerac,
conformément aux décisions prises, lors de la lecture
de ce procès-verbal,
à la deuxième séance du 20 janvier 1866.

La séance est ouverte à deux heures un quart de relevée :

Conformément à l'article 32 des statuts, le Président du Conseil d'administration, M. le comte Auguste de Bastard, prend place au bureau en qualité de Président de l'assemblée.

M. le Président rappelle qu'aux termes de l'article 27 des statuts, les délibérations prises par l'assemblée générale, dans une seconde réunion, sont valables, quel que soit le nombre des actionnaires présents et des actions représentées; et il constate que le nombre des actionnaires présents, ou ayant donné procuration, est de *cinquante,* et celui des actions représentées de *deux mille trois cent trente-sept,* donnant droit à *cent douze* voix.

M. le Président fait ensuite toutes réserves à l'égard des membres présents (s'il y en a), qui ne posséderaient pas, à titre de propriétaires, soit la totalité des actions déposées par eux pour siéger dans cette réunion, soit le nombre suffisant indiqué à l'article 34 des statuts, et il ajoute que, s'il y en avait dans ce cas et qui persistassent à siéger, ils ne le feraient qu'en compromettant leur responsabilité.

M. le Président expose en outre que, conformément à l'article 29 des statuts, l'assemblée générale extraordinaire avait été convoquée pour le 15 novembre dernier, par avis inséré, aux termes de l'article 30, dans :

Le Moniteur universel du 20 octobre 1865,

Le Journal de Bordeaux du 19 octobre 1865,

La Chronique de Libourne du 22 octobre 1865,

Le Journal de Bergerac du 21 octobre 1865,

et dans plusieurs journaux industriels et financiers ; mais que *trente-huit* actionnaires seulement ayant déposé, avant le 4 novembre, la quantité de *mille huit cent trente-deux* actions, l'assemblée a dû être de nouveau convoquée pour ce jour, 16 décembre 1865. Et l'avis de convocation a été publié dans :

Le Moniteur universel du 11 novembre 1865,

Le Journal de Bordeaux du 11 novembre 1865,

La Chronique de Libourne, du 12 novembre 1865,

Le Journal de Bergerac du 11 novembre 1865,

et dans plusieurs journaux industriels et financiers.

Conformément à l'article 32, M. le Président invite, pour former le bureau, en qualité de scrutateurs, les deux plus forts actionnaires présents. M. A. Dubreuil, porteur de *cent trois* actions, vient, à ce titre, prendre place à côté de M. le Président.

D'autres actionnaires, appelés successivement, disent : Je n'accepte pas. — M. Parmentier, avoué, dont le nom est appelé à la suite de ces refus, dans l'ordre numérique résultant de la liste des dépôts, porteur de *vingt-cinq* actions et fondé de pouvoir pour *vingt* autres actions, vient, comme M. Dubreuil l'avait fait déjà, prendre place à côté de M. le Président.

En vertu du même article des statuts, le bureau est autorisé à désigner le secrétaire de l'assemblée. M. Lédrier, l'un des actionnaires présents, invité à remplir ces fonctions, accepte et prend place au bureau.

Il est ensuite donné lecture du procès-verbal de la dernière assemblée générale par M. le secrétaire de la direction.

A la suite de cette lecture, quelques actionnaires prétendent que le vote n'a pas eu lieu ainsi que le constate le procès-verbal, en ce qui concerne la nomination de M. le Président.

M. le comte Auguste de Bastard répond : « M. Paul Duver-
» gier, secrétaire de l'assemblée, a signé le procès-verbal. J'ai
» été nommé à l'unanimité, moins deux voix ; et je répète ce que
» j'ai dit alors : que je m'honore d'avoir eu ces deux voix contre
» moi. »

Le procès-verbal, sauf cet incident, est ensuite adopté.

M. Carré de la Crosnière dit qu'à la précédente assemblée, il n'a pu lire le rapport de M. Bertrand, parce que, devant en accepter la responsabilité, il n'avait pu, à l'avance, en prendre connaissance ; — que, depuis cette époque, le rapport de M. Bazaine a modifié ses opinions ; — qu'il s'est retiré pour ne pas sembler quêter la place d'administrateur, — et qu'il a craint de compromettre sa responsabilité sans être utile à la Société.

M. le directeur répond que les souvenirs de M. Carré de la Crosnière le servent mal ; que les 3, 4 et 5 août il a communiqué son rapport aux conseils judiciaires de la Compagnie et à

MM. les administrateurs, ainsi qu'il résulte des procès-verbaux des séances du Conseil.

M. Carré de la Crosnière répond qu'il est vrai que les conseils judiciaires ont eu connaissance de ce rapport, mais qu'il n'avait pas le temps de l'étudier, et qu'il n'avait pas voulu en prendre la responsabilité ; — que, d'ailleurs, M. Bertrand arrivait toujours à la dernière minute.

Invité par le directeur à préciser les faits, M. Carré de la Crosnière indique le fait du renouvellement d'un bail et celui de la révocation d'un employé, ancien marin, qui avait insulté son chef de bureau.

M. le Président donne lecture du rapport du Conseil d'administration, conçu dans les termes suivants :

MESSIEURS,

Nous n'avons pas à vous présenter ici les détails des faits qui ont accompagné ou suivi la constitution de notre Société : vous avez pu les contrôler vous-mêmes avec l'aide des nombreuses pièces justificatives sur lesquelles s'appuie le rapport du directeur.

Au milieu des circonstances graves où nous nous trouvons, il suffira d'exposer en peu de mots notre situation générale, et de vous faire connaître notre opinion sur l'avenir de la Compagnie.

Dès le principe, notre existence sociale fut en péril.

Les vices originels de la Société étaient :

1° Le refus de la subvention de 5 millions, et la constitution d'un capital beaucoup trop considérable pour les besoins réels du chemin ;

2° La souscription reposant, pour les trois cinquièmes, en des mains incapables de répondre aux appels, ainsi que les faits l'ont malheureusement prouvé ;

3° Des marchés trop onéreux.

A ces trois causes de perturbation, — nous ne voulons pas dire de ruine, — il faut ajouter la perte de près de 800,000 fr., résultant de la suspension des paiements de notre banquier, et le changement imposé par le gouvernement au tracé de notre ligne, entre Sainte-Foy et Bergerac.

Cette modification augmentera notre dépense d'environ 1,700,000 francs.

Au moment même de notre entrée en fonctions, M. Bazile de Framery fils venait de faire saisir, ainsi que vous le savez déjà, la caisse sociale. Peu de jours après, il nous assignait en déclaration de faillite et procédait au séquestre de nos obligations.

Ces premières difficultés une fois surmontées, grâce à un emprunt que vous avez approuvé dans votre dernière assemblée générale, nous avons essayé de reconstituer l'affaire, et de remédier aux vices originels dont nous venons de parler.

Des démarches actives ont été faites auprès du gouvernement, afin d'obtenir de nouveau cette subvention de 5 millions, si malheureusement refusée. Elles n'ont point abouti.

Plusieurs banquiers et diverses institutions de crédit ont été, de même, vainement sollicités à l'effet de se charger du rachat des 12,000 actions compromises dans la liquidation de M. Rougemont de Lowenberg.

Un essai d'exécution à la Bourse n'ayant pas mieux réussi, nous avons dû intenter une instance devant le tribunal de com-

merce de la Seine, pour le paiement des 50 francs par action en
retard de versement, et nous avons la satisfaction de vous annoncer que, grâce à nos efforts persévérants, la Compagnie vient
d'obtenir, à la date du 11 du courant, un jugement qui condamne
M. de Rougemont et les commissaires de ses créanciers à nous
verser les 600,000 francs réclamés. Des jugements semblables
ont été obtenus contre divers actionnaires moins importants.

En ce qui concerne les traités passés avec MM. Bazile de Framery, deux solutions étaient possibles : celle des transactions
et celle des procès.

Inutilement jusqu'à ce jour et à plusieurs reprises, nous avons
tenté la voie des transactions.

Pour suivre les procès, il fallait satisfaire à des droits d'enre-
gistrement excédant 140,000 francs, et que notre position financière ne nous permettait pas d'acquitter. Toutefois, nous avons
recueilli des documents dont une partie est déjà sous vos
yeux (1), et qui permettraient de continuer ces procès avec des
chances sérieuses de succès.

Enfin, nous avons la confiance que l'Etat nous indemnisera
du surcroît de dépense résultant du nouveau tracé : car ce dé-
dommagement nous paraît fondé, tout à la fois sur le droit et
sur l'équité.

Jusqu'au 22 septembre dernier, nous avons été secondés dans
notre tâche par M. Carré de la Crosnière ; mais nous avons le
regret de vous annoncer que sa santé et quelques appréhensions
bien naturelles l'ont déterminé à nous priver de son précieux
concours.

---

(1) Rapport du directeur au Conseil d'administration ; pièces justificatives, n⁰ˢ 8
et 18.

Au point où nous sommes arrivés, quels sont donc les obstacles qui s'opposent à notre reconstitution? Telle est la question qui nous est adressée de toutes parts.

Les obstacles les plus sérieux résident, Messieurs, d'une part, dans les traités du matériel fixe et du matériel roulant précédemment conclus avec MM. Bazile de Framery père et fils ; — d'autre part, dans le discrédit dont nos actions se trouvent frappées, par suite du non-versement des appels pour les 12,000 actions appartenant à M. Rougemont de Lowenberg.

Si nous avions d'autres marchés, une chance de mener à bonne fin notre entreprise resterait encore. Il faudrait que MM. Bazile de Framery, comprenant enfin leurs véritables inté-rêts, consentissent à ramener leurs traités aux conditions et aux prix ordinaires des Compagnies de chemins de fer, en acceptant l'arbitrage d'une commission d'ingénieurs contradictoirement nommés.

Alors, Messieurs, notre crédit pourrait se relever, et l'intérêt de tous serait protégé au même titre.

Ajoutons que cette solution mettrait un terme aux procès qui, depuis si longtemps, arrêtent la marche de notre Société.

Nous vous l'aurions formellement proposée, Messieurs, si les tentatives déjà faites auprès de MM. Bazile de Framery n'avaient été absolument infructueuses.

Il ne nous restait donc qu'à vous proposer la liquidation de notre Société, lorsqu'une circonstance nouvelle s'est produite. Vous comprenez, Messieurs, que nous voulons parler de la condamnation de M. Rougemont de Lowenberg, au versement des 600,000 francs exigibles sur les 12,000 actions de ce banquier.

Le fait qui pesait le plus sur le cours de nos valeurs, était en effet le retard de paiement de ces actions, et il est hors de doute que le jugement récemment intervenu est de nature à modifier la situation de la Compagnie.

La proposition de liquidation, en cet état de choses, serait donc peut-être prématurée avant qu'il ait été possible d'apprécier les conséquences du jugement rendu par le tribunal de commerce, le 11 décembre courant, et nous avons cru, Messieurs, devoir vous laisser le soin de prononcer vous-mêmes sur cette question.

Quel que soit le parti auquel vous vous arrêterez, vous nous trouverez, jusqu'à la fin, dévoués à vos intérêts, qui sont les nôtres.

M. Carré de la Crosnière répond à ce rapport que, par un sentiment de loyauté, on a voulu le lui communiquer avant la réunion de l'assemblée générale, mais qu'il n'en a pas eu connaissance ; — que, sans cela, il n'aurait pas laissé dire que sa démission avait eu pour cause un motif de santé ; qu'il s'était retiré quand il avait craint de compromettre sa responsabilité personnelle, sans utilité pour la Société et les actionnaires.

M. le Président répond par la lecture de la lettre de M. Carré de la Crosnière, en date du 22 septembre 1865, contenant cette phrase : « Ma santé même se ressent du travail sans relâche auquel nous nous sommes livrés depuis huit mois, etc... »

M. Parmentier, à l'occasion du même rapport, observe que les actions ne se versent pas, parce que les actionnaires n'ont pas confiance dans la Société.

M. David répond qu'aux termes de l'article 8 des statuts, les souscripteurs originaires et les cessionnaires successifs des actions sont solidairement tenus au paiement de l'intégralité de ces actions; — qu'il avait fait sommation au Conseil d'avoir à faire payer les actions fictives placées sous le nom de M. Rougemont de Lowenberg, mais souscrites en réalité par MM. Bazile de Framery père et fils; et que si on faisait payer ces derniers, ainsi que la Société en a le droit, on éviterait de cette manière le paiement de la créance due à ces entrepreneurs.

M. Paul Duvergier fait ensuite la lecture du rapport de la commission chargée de vérifier les comptes. Ce rapport est ainsi conçu :

RAPPORT DE LA COMMISSION D'EXAMEN

Du compte de premier établissement de la Société du chemin de fer de Libourne à Bergerac et de la comptabilité de cette entreprise pendant l'année 1864.

MESSIEURS LES ACTIONNAIRES,

Dans votre assemblée générale du 5 août dernier, vous nous avez fait l'honneur de nous charger de l'examen du compte des avances faites par les fondateurs de la Compagnie, ainsi que de la vérification de la comptabilité de l'entreprise pendant 1864.

Nous nous sommes acquittés de la mission due à votre confiance avec tout le zèle dont nous sommes susceptibles, et nous sommes heureux de pouvoir vous en rendre compte aujourd'hui, en vous faisant observer qu'il n'a pas dépendu de nous de le faire depuis plusieurs mois.

Frais de premier établissement avancés
par les fondateurs.

Aux termes de l'article 5 des statuts, le compte des avances faites pour parvenir à la formation de la Société, devait être soumis à l'assemblée générale des actionnaires à laquelle il appartenait d'en fixer définitivement l'importance, qui, en aucun cas, ne pouvait excéder 108,000 francs.

Néanmoins, nous avons trouvé qu'il avait été payé, indépendamment de cette somme, à M⁰ Sénart, avocat, pour honoraires de consultation................................... 1,500 »

A M⁰ Parmentier, idem.................... 6,000 »

A M. Malvezzy, employé appelé plus tard aux fonctions de secrétaire général de la Société, pour appointements antérieurs à la formation définitive de la Société. (Décision du Conseil du 30 janvier 1864.)..................................... 4,450 »

Et à M⁰ Mocquart, notaire, pour honoraires et frais des actes destinés à former la Société, environ.................................... 11,000 »

Total.... 22,950 »

Toutes dépenses qui doivent nécessairement rentrer dans les 108,000 francs alloués pour la formation de la Société, et dont le paiement par la Société, formant double emploi, doit être répété aux personnes qui l'ont autorisé.

D'un autre côté nous trouvons, dans le compte des fondateurs, c'est-à-dire dans la composition des 108,000 francs ci-dessus, qu'il aurait été payé à MM. de Framery père et fils, chargés par M. Rougemont du placement des actions antérieurement à leur traité pour la construction du chemin, outre 18,300 francs pour frais de déplacements, 30,000 francs à titre d'appointements pendant quinze mois, soit 1,000 francs par mois à chacun d'eux; cette allocation nous paraît exagérée : en la réduisant à 18,000 francs, nous croyons que la Société se montrerait encore généreuse, car il n'y a aucun commis-voyageur, et c'était alors le rôle que MM. de Framery remplissaient, de rétribué aussi largement (20 francs par jour, logés et nourris). Si M. Rougemont et les fondateurs ont traité définitivement avec ces messieurs à 1,000 francs par mois, ce sera à eux à indemniser la Société de l'excédant de 12,000 francs compris dans les 108,000 francs qu'ils ont reçus d'elle. Il s'ensuivrait que le compte de frais de premier établissement serait réduit à 96,000 francs.

Dépenses de l'année 1864.

On vous a dit que les malheurs ou les embarras de la Société étaient la conséquence nécessaire du vice originel qui avait présidé à sa formation; cela semble vrai, surtout lorsqu'on se rend compte des traités passés avec MM. de Framery père et fils, pour la construction du matériel fixe et la fourniture du matériel roulant; mais on ne saurait perdre de vue que la plus grande part du blâme que ces marchés peuvent soulever, retombe évidemment sur les hommes spéciaux qui les ont proposés après les *avoir vus* et *approuvés*, et déterminé ainsi les membres du Conseil d'administration à les signer. Une fois ces traités conclus, il eût été sage de se résigner à les exécuter, au lieu de déclarer une espèce de guerre à mort aux entrepreneurs, soit en leur refusant les indications et les ordres indispensables à la marche des travaux, soit en refusant, sous les prétextes les plus futiles, la réception de voitures ou d'autres fournitures jugées bonnes par les arbitres que les tribunaux ont commis, arbitres dont la capacité et l'honorabilité ne laissent rien à désirer; soit enfin en suspendant tout paiement sur les travaux effectués, de manière à ruiner le crédit des entrepreneurs et à faire cesser tous les travaux.

Si encore, après avoir consenti des traités onéreux avec MM. de Framery père et fils, on s'était montré plus prudent avec les autres entrepreneurs appelés à faire la voie et les gares provisoires; malheureusement il n'en a pas été ainsi, et les mémoires de ces derniers nous semblent encore entachés d'exagérations aussi saillantes. Il est parmi vous, Messieurs, beaucoup de propriétaires auxquels il suffira d'apprendre, pour justifier nos assertions, qu'à Libourne et à Castillon nos ingénieurs règlent le prix des bois de sapin (bois si peu rares dans le pays) à 110 francs le mètre cube pour des travaux provisoires, c'est-à-dire bois de sciage avec tenons et assemblages, tandis que ce prix est celui accordé à Paris pour les bois de chêne employés dans nos belles constructions, bois qui supportent un droit d'octroi d'environ 10 0/0. Le prix du sapin est porté à 115 francs, lorsqu'il présente un sciage sur quatre faces, et on y ajoute tantôt 10 0/0, tantôt jusqu'à 25 0/0, lorsque les travaux ont lieu à la campagne. D'où il suit que les fournitures de sapin reviennent alors à 143 fr. 75 c. par mètre cube! Nous payons le fer forgé, plates-bandes, tirans, etc., à raison de 70 francs les 100 kilogrammes; la taille superficielle de la pierre, de 7 fr. 33 c. à 7 fr. 65 c. le mètre, au lieu de 6 francs demandés à Paris, pour la taille de la roche et des autres pierres beaucoup plus ¡dures que celles des environs de Libourne, et ainsi de suite.

Quant aux terrassements, on porte le déblai pour fouille et jet à la pelle à 75 centimes et à 85 centimes le mètre cube, au lieu de 45 centimes; transporté à deux relais, le mètre de terre coûte 1 fr. 19 c.

Les empierrements de chaussées sont alloués à 8 fr. 65 c., et le pavage en grès de Mont...., 9 fr. 68 c. le mètre.

Il est encore bon de remarquer que, dans la section de Libourne à Castillon, les travaux sont de la plus grande facilité, le terrain ne demandant presque sur toute la ligne que de simples décrètements.

Une chose bien certaine, c'est qu'avec de tels marchés ou l'allocation de tels prix, nous devions voir l'absorption du capital social bien avant l'achèvement du chemin !

Le grand malheur est que, dès le principe, on se soit persuadé qu'il s'agissait non pas d'une petite affaire, mais bien d'une grande entreprise dans laquelle on ne saurait aller trop largement et se montrer trop généreux. C'est ainsi que les maisons des gardes-barrières et passages à niveau, construites très-économiquement dans tous les chemins de fer, reviennent à la Société de **7,136** francs à **9,624** francs. Celles laissées en cours de construction par le sieur Chéron, semblent devoir même dépasser ce dernier prix !

Ces prodigalités se sont naturellement reproduites dans l'administration intérieure, où l'on voit un trop grand nombre de commis :

A Paris, treize employés ordinaires, deux temporaires, deux garçons de bureau, coûtant mensuellement. . . . . .   8,208 »

Un administrateur à **30,000** francs et un secrétaire général à **12,000** francs, soit par mois. . . . .   3,500 »

A Libourne, deux ingénieurs, douze employés, un garçon de bureau, recevant ensemble par mois.   2,828 »

Plus dix-sept agents auxiliaires, six agents aux acquisitions dont la rémunération s'élève mensuellement à. . . . .   2,769 »

Total. . . . . .   17,305 »

Somme à laquelle il convient d'ajouter le montant mensuel des jetons de présence des membres du Conseil. . . . .   5,000 »

Traitement mensuel du personnel. . . . .   22,305 »

Soit par année. . . . .   267,660 »

3

A reporter   267,660   »

Non compris le loyer des bureaux de Paris, ceux payés à Libourne et le logement de l'ingénieur en chef, qui, de 4,000 francs y compris l'impôt, est, dit-on, porté aujourd'hui à 6,000 francs; ensemble. . . . , ...   11,000   »

Au total.   278,660   »

Pour un chemin de 60 kilomètres !

En supposant ce chemin exécuté en quatre ans, comme il eût pu être fait, le personnel serait revenu à plus de 1,100,000 francs. Heureuse encore la Société si les dépenses intérieures s'étaient bornées à ce chiffre menaçant, mais il faut y ajouter les frais de bureau, les déplacements et voyages des employés et ingénieurs, leur séjour avec nourriture dans les hôtels. On ne saurait s'expliquer la fréquence de ces voyages. M. l'ingénieur en chef se rend plusieurs fois dans un mois à Libourne ; les ingénieurs ordinaires sont appelés à Paris, par le Conseil d'administration, ainsi que d'autres agents, et les frais sont ainsi multipliés à l'infini ; chaque employé fournit sa note à la fin du mois et s'il en est qui vivent modestement à 2 fr. 60 c. par jour, il en est dont les déjeuners coûtent de 4 fr. 50 c. à 8 francs, avec un *autre*, un étranger à l'administration. Les chefs de service se traitent encore mieux et la nourriture de M. l'ingénieur en chef, suivant une note émanée de lui, porte à 154 fr. 20 c. sa nourriture pendant deux journées passées en voyage, et quatre jours à l'hôtel, ou à 25 fr. 70 c. par chaque jour.

A Paris les membres du Conseil, l'ingénieur en chef et presque tous les employés, voire même les garçons de bureau, font leurs courses en fiacre et même en petites voitures. En juillet 1864, M. Bertrand s'est fait rembourser 148 fr. 05 c. à ce titre ; cependant avec un traitement de 30,000 francs par an et le logement on devrait bien éviter de réclamer le prix des courses de voiture, alors que les magistrats, les employés supérieurs des ministères, font pédestrement les courses commandées par leur service, ou s'ils prennent des voitures, ils les paient de leur poche, malgré l'infériorité de leurs traitements comparés à ceux d'un ingénieur en chef.

Nous avons en outre à déplorer l'exagération des dépenses de bureau, telles que papier, grattoirs, canifs et particulièrement des impressions.

Croirait-on par exemple qu'au moment même de rompre violemment avec MM. Bazile de Framery père et fils, en faisant cesser tous les travaux sur la ligne (août 1864) on ait eu l'imprudence de commander, non pas à un imprimeur possesseur de tous les clichés nécessaires aux fournitures de chemins de fer, mais bien à un imprimeur de Bordeaux, pour 27,441 francs d'impressions de feuilles, billets et coupons de service, somme payée comptant sans réduction d'escompte, dans un temps où la situation de M. Rougemont et celle alarmante de la Société, prescrivaient impérieusement de ménager ses ressources.

Il ne faut pas perdre de vue que l'expulsion d'un entrepreneur, créancier de sommes considérables, de ses chantiers, au moyen du recours à l'article 1794 du Code, article qui certes n'a pas été inventé pour servir la haine et le caprice, était une mesure des plus graves, des plus violentes et qu'on avait dû étudier de longue main dans le Conseil d'administration. Donc comment se rendre compte d'une commande d'imprimés où nous voyons 40,000 déclarations, 40,000 feuilles de route, 120,000 feuilles de chargement et 3,600,000 billets de voyageurs à la veille d'arrêter tous les travaux comme en effet ils le sont depuis dix-huit mois bientôt? Ce qui de la part d'hommes du commun des mortels ne semblerait qu'une inconséquence, prend un tout autre caractère de la part d'un Conseil d'administration renforcé d'un ingénieur d'un grand mérite, d'un Conseil judiciaire appointé à 4,000 francs l'an, ainsi que d'un avoué justement estimé, auquel on avait payé au commencement de l'année à titre d'honoraires, une somme de 10,000 francs.

Lorsqu'on recherche avec un esprit dépourvu de toute prévention, l'explication de tant de faits fâcheux pour la Compagnie, il faut beaucoup de bienveillance pour ne pas s'abandonner à l'idée qu'il y a dans le Conseil ou ailleurs une volonté contraire au succès de l'entreprise.

Ce qui vient d'être dit à l'égard des imprimés qui devaient suffire au service de plusieurs années, s'applique à d'autres imprimés coûtant 1,874 francs et au mobilier de la gare de Libourne payé 2,582 fr. 50 c., et à d'autres objets payés au moment de la rupture définitive avec les entrepreneurs.

Les longs détails qui précèdent nous dispensent de nous étendre davantage sur beaucoup de petites dépenses inopportunes ou abusives qui motiveraient des rejets ou des réductions, comme plusieurs de celles que nous venons de vous signaler. Mais, dans la situation actuelle des choses, nous avons reconnu qu'il serait très-contraire aux intérêts de la Société, de vous proposer une approbation plus ou moins restreinte des dépenses effectuées en 1864, parce que, d'une part, nous ne savons pas tout et que nous sommes très-alarmés sur ce qui peut advenir.

Dans le cas où il se présenterait quelques propositions ou combinaisons acceptables, pour relever l'entreprise et si le Conseil se prêtait de bonne grâce, de concert avec M. l'ingénieur en chef, à leur réalisation, nous conseillerions à MM. les actionnaires, de se montrer aussi conciliants que possible en évitant de mettre le public dans la confidence de nos malheurs et de nos justes griefs. Mais dans le cas contraire il faut que chacun conserve ses droits, pour les faire valoir selon les événements devant les tribunaux qu'il appartiendra.

En terminant, nous devons vous déclarer, que toutes les pièces comptables sont passées sous nos yeux, à l'exception toutefois des actes de vente des terrains et des quittances de leur prix, restés aux mains des notaires divers qui ont reçu les actes. Nous avons eu, pour obvier à leur absence provisoire, des relevés successivement établis par M. Gautier, agent de la Société, et qui paraissent mériter toute confiance. Nous devons encore avoir l'honneur de vous dire que toutes les dépenses sont classées et résumées avec ordre et que leurs totalisations diverses concordent parfaitement avec le résumé de la gestion à vous remis par le Conseil, le 5 août dernier.

Nous avons trouvé dans les commis toute l'assistance désirable et nous sommes heureux d'avoir à vous apprendre que les livres sociaux sont aussi exacts que parfaitement écrits.

Agréez, Messieurs, l'expression de nos sentiments les plus distingués.

Signé : RAYMOND.

PAUL DUVERGIER.

Note ajoutée au rapport de la Commission, après lecture.

M. Walbaum, après une première réunion, dans les bureaux de la Société, ayant totalement abandonné la vérification des comptes de 1864, pour se rendre à la campagne, dont il n'est revenu que quelques jours avant l'assemblée générale, a voulu rester étranger au rapport ci-contre, comme le constate le billet ci-joint.

A l'occasion de ce rapport, le secrétaire de l'assemblée croit utile d'observer que, lorsque le même rapport lui a été remis, le 18 du courant, deux jours après l'assemblée, il n'était signé d'aucun des membres de la commission; qu'il l'a été, en sa présence et sur sa demande, par M. Raymond, qui a ajouté, au moment de sa signature, une annotation relative au refus de M. Walbaum, qui déclare vouloir rester étranger à ce rapport, n'ayant pris aucune part à la vérification des comptes, et déclare en même temps donner sa démission de membre de la commission des comptes, démission dont le rapport ne contient aucune communication à l'assemblée.

M. Raymond explique que l'absence de M. Walbaum l'a seule empêché d'assister aux derniers travaux de la commission.

Après la lecture de ce rapport, faite par M. Paul Duvergier, celui-ci ajoute, en son nom personnel, qu'il serait utile de vérifier les comptes des sommes reçues de la Compagnie, à divers titres, par le directeur, depuis son entrée en fonctions jusqu'à ce jour, et s'élevant à 153,000 francs. — Il propose de déférer l'appréciation de ces rétributions du directeur au conseil des ponts et chaussées; et il ajoute que ce chiffre ne sera pas contesté par le directeur, car ces renseignements lui ont été donnés par un employé de la Compagnie.

Le directeur demande la parole. Il proteste avec énergie contre le rapport qui vient d'être lu et dont les termes, dit-il, lui paraîtraient bien plutôt être ceux d'un acte d'accusation que ceux du rapport d'une commission, dont le premier devoir était de s'acquitter avec impartialité de la mission qui lui a été confiée.

« En principe, dit le directeur, l'esprit d'hostilité qui a présidé à toutes les opérations de la commission se révèle dans la manière même dont on a procédé à ces opérations. Pas un seul renseignement n'a été demandé au directeur dans ses bureaux, pas une observation ne lui a été faite pendant toute la durée de la vérification des comptes, bien qu'il se soit spontanément, et à diverses reprises, mis à la disposition de la commission. On semble avoir voulu agir, vis-à-vis de lui, par surprise, en lui opposant à l'improviste, devant l'assemblée générale, des objections de chiffres sur lesquelles on espère sans doute qu'il ne sera pas préparé.

» Les actionnaires apprécieront la délicatesse du procédé. — Quant à lui, sans se préoccuper du mobile qui a pu diriger de pareilles attaques, il se fait un devoir de répondre, séance tenante, aux objections principales du rapport de la Commission.

» Les dépenses faites pour l'exécution des terrassements et ouvrages d'art de la section de Libourne à Castillon sont, dit-on, exagérées. Ces travaux, répond le directeur, sont aujourd'hui à peu près terminés, et leur prix de revient représente une dépense moyenne de 48,350 francs par kilomètre.

» Cette dépense est-elle trop considérable? Les éléments de comparaison sont faciles. La Compagnie a entre les mains une expédition des études faites par les ingénieurs de l'État pour les travaux de la section de Saint-Antoine-de-Breuilh à Bergerac, section d'une exécution plus facile que celle de Libourne à Castillon. Ces études portent au chiffre de 65,800 francs par kilomètre la dépense moyenne des terrassements et des ouvrages d'art courants.

» Faut-il dire encore qu'une estimation de dépenses, faite par MM. Bazile de Framery, avait fixé à la somme de 56,343 francs par kilomètre les terrassements et ouvrages d'art de la section de Libourne à Castillon?

» Quant aux prix de détail, formant l'objet de diverses observations dans le rapport de la commission des comptes, le directeur en appuie la justification, tant sur la série des prix établis par les ingénieurs de l'État, pour la partie du chemin comprise entre Saint-Antoine-de-Breuilh et Bergerac, que sur l'estimation précédemment faite par MM. Bazile de Framery eux-mêmes, et

sur la série des prix récemment admise par la Compagnie d'Or-
léans pour la construction des bâtiments définitifs de la gare de
Coutras. »

Arrivant à la question des **153,000** francs, le directeur observe
que le rapport de la commission des comptes aurait dû signaler au moins que dans ce chiffre figure une somme de
69,162 fr. **90** c. qui lui a été allouée par le jugement du tribunal de commerce, en date du 22 décembre 1864. Il donne à
ce sujet la lecture du nouveau traité qu'il a conclu le 3 mars
1865 avec la Compagnie, lorsque le Conseil d'administration, dé-
sireux de lui témoigner sa satisfaction des services qu'il avait
précédemment rendus, lui a proposé de reprendre le titre et les
fonctions de directeur. Il résulte des termes de ce traité que
M. Bertrand a spontanément réduit à **20,000** francs le chiffre de
ses appointements annuels, précédemment fixé à **30,000** francs.

« Le directeur ajoute enfin que, dans le désir de faciliter à la
Compagnie, par tous les moyens possibles, l'exécution du jugement du 22 décembre 1864, il a accepté d'elle, au mois de
février 1865, le paiement d'une somme de **68,625** francs en
obligations, au taux de 250 francs par obligations; et que, dans
sa séance du 2 février 1865, le Conseil alors composé de
MM. le comte Auguste de Bastard, Victor de Constantin et Carré
de la Crosnière, le remerciait de ce nouveau témoignage de son
dévouement aux intérêts de la Compagnie. »

M. David demande si la commission a vérifié le chiffre des
dépenses des traités de MM. Bazile de Framery. Il fait observer
que, sur la fourniture des machines, les entrepreneurs gagnaient
100 0/0; que, de plus, ils avaient l'avantage de recevoir, à titre
d'avance, 20 0/0 de la Société, quand ils n'avaient à payer tout
de suite à leurs fournisseurs qu'une avance de 10 0/0.

La discussion s'ouvre ensuite sur les mesures d'intérêt général.

M. Lédrier prononce un discours écrit ainsi conçu :

Messieurs,

Les actionnaires de la Société anonyme du chemin de fer de Libourne à Bergerac se trouvent réunis dans des circonstances difficiles.

Les caisses sont vides ; — les employés attendent depuis cinq mois un traitement nécessaire à plusieurs, peut-être, pour les premiers besoins de la vie ; — la Compagnie est ruinée dans l'opinion publique ; — son discrédit a atteint les dernières limites.

Cet état de choses est intolérable.

Peut-il en être autrement?

Depuis deux ans, le public assiste, à Paris, en province, à d'étranges procès, où se déroulent des faits scandaleux.

Les actionnaires voient, à ne pouvoir s'y méprendre, qu'ils ont été dupes *d'hommes habiles.*

J'éviterai, autant que possible, de froisser les personnes ; je dirai cependant ce que je crois vrai.

J'habite, Messieurs, la contrée que traverse le chemin de fer de Libourne à Bergerac. J'ai vu à l'œuvre les fondateurs de cette malheureuse entreprise.

En 1861, M. de Framery fils arrive, porteur des pouvoirs de MM. les *futurs administrateurs* du chemin dont ils n'avaient pas l'adjudication. Il oublie, chose étrange, d'indiquer *sa pro-*

fession sur les actes de ventes provisoires qu'il fait avec les propriétaires.

C'était un moyen sûr de cacher sa *qualité d'entrepreneur de travaux publics ;*

Et, dans ces conditions, il acquiert, pour compte de ses mandants, des terrains payables *en actions, chaque fois que cela lui est possible.*

Plus tard, M. Rougemont devient le concessionnaire du chemin ; les souscriptions sont ouvertes : le résultat n'est pas heureux : près de 13,000 actions restent à souscrire.

Vous savez, Messieurs, comment MM. de Framery s'en trouvent propriétaires : ces faits ont été révélés dans un procès scandaleux.

Ils sont connus de tous.

Voyons leurs conséquences sur cette malheureuse affaire :

L'adjudication a été faite à M. Rougemont, le 16 juin 1862. Mais, le 12 mai, MM. de Framery avaient déjà écrit au concessionnaire :

« Nous venons vous confirmer ici que nous prenons l'en-
» gagement d'être souscripteurs pour le nombre d'actions
» manquant au chiffre de 2,500,000 francs.

» Cet engagement n'est pris par nous *qu'à la condition ex-*
» *presse d'être chargés de la complète exécution dudit chemin et four-*
» *nitures, etc. ... »*

Je ne rappelle cette lettre, Messieurs, que parce que nous y trouvons *la cause et l'origine* de ces marchés exorbitants, qui contiennent *une mystérieuse majoration ; —* marchés que vous connaissez, faits au mépris des intentions du ministre des travaux publics ; — nuls au point de vue du droit et de la morale, mais couverts par des transactions étranges que vous connaissez aussi ; — au résultat desquelles on fait reprendre à la Société 8,000 actions *au pair;* — puis on les rétrocède, toujours *au pair* (bien qu'elles soient dépréciées de 150 francs au moins), à M. Rougemont, qui se trouve perdre ainsi, *on ne sait pourquoi,* une somme considérable.

Je n'approfondis pas le *mystère de ces traités.* Le champ est vaste pour les conjectures.

Mais on n'a pas oublié que MM. les administrateurs avaient refusé la subvention de 5 millions, et fixé à 19,500,000 francs le capital social nécessaire à l'exécution du chemin.

Arrêtons-nous ici, Messieurs.

Le rapport du ministre élevait le chiffre des dépenses totales à 15 millions ; et à 5 millions la subvention à donner à cette voie ferrée, pour que les 10 millions souscrits par le public trouvassent l'intérêt et l'amortissement dans les produits présumés de la ligne.

Cependant, MM. les administrateurs, plus habiles que le ministre, refusent cette subvention.

Vous croirez utile de nous dire, messieurs les anciens administrateurs et fondateurs, les motifs d'une conduite au moins imprudente, afin que nous ne pensions pas, avec le public, que vous avez voulu vous soustraire au contrôle de l'État ; — et que, dans la différence de 19,500,000 francs à 15,000,000 *prix réel du chemin,* vous avez trouvé une indemnité suffisante à votre apparente générosité.

Je n'insiste pas davantage ; mais j'espère que, sur ces points importants, on fournira à cette assemblée des explications nettes, sans équivoque.

J'ai attaqué sévèrement ce qui m'a paru sujet à critique; il est juste alors de révéler des faits que plusieurs d'entre vous ignorent.

La Compagnie était aux abois; les caisses étaient vides ; il fallait ramener la confiance dans le public, qui commençait à douter de la Compagnie. Le moment était venu *d'émettre les obligations.*

Alors, on imagine l'inauguration de la section de Castillon. Les dignitaires de la province sont invités; un train spécial va à Bordeaux chercher l'archevêque; S. Exc. M. Magne est au nombre des conviés. Le chemin s'inaugure *à grand renfort de grosse caisse,* et le tout se termine par un banquet splendide.

J'appelle l'attention de l'assemblée et de MM. les commissaires sur les notes des journalistes et du maître d'hôtel.

Dans l'état des choses, Messieurs, je me demande ce qu'il faut faire dans l'intérêt des actionnaires.

Demander et proclamer LA LIQUIDATION; voilà l'unique *planche de salut.*

La nomination d'administrateurs continue à grever la Compagnie. Les employés n'ont rien à faire ; les travaux sont suspendus ; *MM. les conseils judiciaires sont seuls en permanence au Conseil.* Donc il faut liquider.

Voilà, Messieurs, notre bilan :

La Société a dépensé environ jusqu'à ce jour *6,500,000 francs.*

Il lui reste à faire :

1° En travaux.................................. Fr.   4,100,000

2° Acquisition de terrains...................... 1,400,000

3° Traités Framery............................. 5,000,000

4° Intérêts et frais généraux pendant l'exécu-

tion.. 1,000,000

TOTAL........ Fr. 11,500,000

Quelles sont maintenant les ressources de la Compagnie?

1° Versements à effectuer sur les actions...Fr. 4,000,000

2° Obligations à émettre...................... 6,000,000

3° Condamnation Rougemont.................. 600,000

4° Paiements en retard 100,000

5° Dividende sur la créance Rougemont..... 800,000

TOTAL......... Fr. 11,500,000

Ces chiffres de recettes et de dépenses se soldent; mais hâtons-nous de dire que c'est *d'une manière fictive.*

Vous n'avez pas oublié que les recettes du chemin doivent à peine solder les intérêts de 10 millions de francs, *chiffre porté au rapport du ministre.* Or, la Société actuelle a élevé les dépenses à 18 millions de francs.

Les obligations priment l'intérêt des actions. Si les actionnaires étaient assez *imprudents* pour faire les derniers versements de 250 francs ou 200 francs, ils auraient à peine 1 0/0 pour l'action de 500 francs *libérée!*

N'est-il pas clair qu'ils préféreront garder le capital restant, qui leur produit 12 fr. 50 c., et sacrifier une action qui ne vaut *à peu près rien?*

Dans l'hypothèse de la liquidation, l'actif social est de *4,500,000 francs* environ.

Sur cette somme, il faut prélever :
1° Pour les obligations . . . . Fr.   2,000,000 »
2° Dette Framery. . . . .   1,000,000 »
Reste à répartir entre les actionnaires. .   1,500,000 »

L'utilité et l'urgence de la liquidation me semblent démontrées. J'espère que l'assemblée la prononcera ; et au lieu de trois administrateurs, je demande qu'elle choisisse dans son sein *trois liquidateurs.*

Avant de finir, je veux dire à l'assemblée toute ma pensée.

Les faits qui se sont produits dans cette affaire ont été une cause de ruine et de gène pour quelques-uns ; de fortune, dit-on, *pour d'autres.*

Eh bien! il y a lieu d'examiner si, au point de vue de la morale publique, et dans un intérêt général, il n'est pas utile de déposer *contre qui de droit une plainte judiciaire,* afin qu'à l'avenir on ne ruine pas aussi facilement de malheureux actionnaires.

Signé : Lédrier.

M. Dubreuil se lève après ce discours et déclare se joindre aux observations qui viennent d'être présentées. Il demande aussi la liquidation qui mettra fin au paiement des versements et aux frais de la Société.

Sur une interpellation qui lui est faite dans ces termes :

« Demandez-lui pourquoi il veut la liquidation ? » M. Dubreuil répond : *C'est pour sauver le reste,* c'est-à-dire ce qui n'est pas versé. »

M. Paton répond qu'il ne faut pas prononcer le mot de *liqui-dation*, afin de ne pas effrayer les capitalistes qui voudraient reconstituer l'affaire ; qu'il y a des capitaux anglais prêts à la reprendre, et qu'il faut, en conséquence, des administrateurs au lieu de liquidateurs.

La proposition de liquidation faite par M. Lédrier, appuyée par M. Dubreuil, est mise aux voix et rejetée à une grande majorité.

La question s'engage sur le point de savoir s'il y a lieu de nommer de nouveaux administrateurs ou simplement des commissaires pour faire un rapport à une seconde séance sur la situation des affaires sociales.

M. David soutient qu'il faut se borner à nommer des commissaires.

M. Guidou répond que la Société ne peut être valablement représentée que par des administrateurs, et demande qu'il soit passé outre à cette nomination et que l'assemblée ajourne la suite de sa délibération à un jour qu'elle indiquera.

M. le Président soumet à l'assemblée la nomination de trois administrateurs. MM. Raymond et Carré de la Crosnière sont nommés.

M. le Président propose alors, pour le troisième administrateur, M. Arman, député de la Gironde. Un actionnaire s'y oppose, sous prétexte que M. Arman n'est pas actionnaire ; et plusieurs actionnaires indiquent au choix de l'assemblée M. Guidou.

M. David fait observer qu'en fait M. Guidou avait été le conseil de MM. Bazile de Framery, depuis l'origine de la concession jusqu'aux transactions du 30 mars inclusivement, et qu'il lui était difficile de concilier sa position d'administrateur avec celle qu'il avait eue dans cette affaire.

M. Guidou répond qu'il a été le conseil de M. de Framery fils, seulement à l'occasion de la transaction conclue avec le Conseil d'administration ; qu'il ne sait pas s'il acceptera, dans le cas où l'assemblée le choisirait comme administrateur.

M. le Président répond : « Il acceptera ; et je proteste, quant » à ce qui me touche, contre la nomination du conseil de » MM. Bazile de Framery, lors des transactions du **30 mars** » **1864.** »

La nomination de M. Guidou est proposée à l'assemblée et votée à la majorité par assis et levé.

M. le Président expose que, depuis le mois de juillet dernier, la situation de la caisse sociale n'a pas permis de payer les appointements du personnel. Il indique que la somme aujourd'hui due de ce chef s'élève au chiffre de **65,536 fr. 64 c.**, y compris le règlement des comptes des employés déjà congédiés ; et il demande à l'assemblée d'aviser aux moyens nécessaires pour mettre un terme à ce déplorable état de choses.

Un membre répond que la solution de cette affaire doit être renvoyée au Conseil d'administration.

L'assemblée décide qu'elle s'ajourne pour entendre le rapport des nouveaux administrateurs, et pour la continuation de sa délibération au **20 janvier 1865.**

Au moment où M. le Président va déclarer que la séance est levée, M. Paul Duvergier s'approche du bureau, et il demande à M. le Président s'il n'a pas reçu du prince Poniatowski une lettre de Florence, en date du **10 décembre** courant, dont il devait faire lecture à l'assemblée.

M. le comte Auguste de Bastard répond :

« J'ai reçu, en effet, une lettre ; mais il m'était interdit d'en
» faire lecture, à moins que l'incident dont il est question dans
» cette lettre ne se fût produit durant la discussion ; or, l'inci-
» dent ne s'est pas produit, et je n'ai pas dû lire la lettre. »

Malgré cette réponse, M. Duvergier, qui déclare avoir entre
les mains un double de la lettre, donne lecture de ce duplicata ;
cette lettre est ainsi conçue :

Florence, le 10 décembre 1865.

*A Monsieur le comte Auguste de Bastard, président du Conseil d'admi-
nistration de la Compagnie du chemin de fer de Libourne à
Bergerac, à Paris.*

Monsieur le Président,

Si je suis bien informé, M. Bertrand se propose d'émettre,
devant la prochaine assemblée générale des actionnaires, plusieurs assertions contre lesquelles les anciens administrateurs
de la Compagnie auront le droit de protester. — Une de ces
assertions me concerne d'une façon toute particulière, et comme
elle est complétement inexacte, — imaginée uniquement pour les
besoins de la défense de M. Bertrand, — vous voudrez bien me
permettre, Monsieur le Président, de consigner ici le démenti le
plus formel que j'éprouve le besoin de lui opposer, et dont je vous
prie de donner communication à l'assemblée, si ladite assertion

vient réellement à s'y produire, soit verbalement, soit dans un rapport distribué à l'avance.

Vous vous rappelez sans doute, monsieur le Président, que lors de la découverte du rapport de M. Bertrand, portant la date du *20 avril 1863*, et signalant à M. de Rougemont une majoration de *deux millions* dans les marchés du matériel fixe et du matériel roulant, M. Bertrand prétendit que j'en avais eu connaissance, quelque temps *après* la première assemblée générale qui avait sanctionné ces marchés, alléguant qu'il en avait été question dans un débat des plus vifs intervenu, en ma présence, entre lui et les entrepreneurs. Ma protestation et les explications que je fournis, à cet égard, devant mes collègues du Conseil d'administration, demeurèrent alors sans réplique. Cependant j'ai eu le regret de voir, plus tard, cette allégation se reproduire, d'une manière encore plus grave, dans une lettre que vous avez pensé devoir adresser, le 25 novembre 1864, à M. le président du tribunal de commerce de la Seine. — Il est vrai qu'à la suite de représentations qui vous furent faites, à ce sujet, et du rappel d'une lettre que vous aviez écrite, conjointement avec M. de Rougemont, le 25 août 1863, à M. Bertrand (lettre dont vous aviez perdu le souvenir), vous avez bien voulu, monsieur le Président, reconnaître votre méprise ; votre loyauté était même allée jusqu'à promettre que, dans une nouvelle édition, que vous étiez alors dans l'intention de faire, de votre lettre du 25 novembre 1864, vous auriez ajouté une petite note rectificative. — Mais cette nouvelle édition n'a malheureusement jamais été faite, que je sache.

Cependant, cela ne fait pas le compte de M. Bertrand, qui voudrait se décharger sur d'autres d'une partie au moins de la responsabilité de ses actes. Aujourd'hui, en effet, voyant que sa première allégation demeure anéantie tant par ma protestation et mes explications que par la lettre précitée du 25 août 1863, il cherche un autre moyen, et, se rappelant que j'ai été à Libourne, à Castillon, à Sainte-Foy, à Bergerac, à Bordeaux même , au commencement d'avril 1863, il se dit qu'il vaudrait bien mieux faire croire que j'ai eu connaissance des traités à cette époque-là, c'est à-dire *avant* qu'il ne les eût signés. — Il prétend donc que les projets de ces traités lui furent présentés, à Libourne, dans les premiers jours d'avril 1863, par MM. Bazile de Framery, ASSISTÉS *du président du Conseil d'administration*, et qu'il en fit ressortir la majoration ; mais que sur l'instance de MM. de Framery et sur leur déclaration, *faite en présence*, toujours, *du président du Conseil d'administration*, que le montant des traités avait été fixé par M. de Rougemont, spécialement autorisé par le Conseil à l'effet de conclure lesdits traités, sous la seule réserve de l'approbation de l'assemblée générale, il consentit, UNE VINGTAINE DE JOURS PLUS TARD, à signer les projets des traités, *sous la condition bien convenue*, dit-il, *avec MM. de Framery*, qu'avant l'assemblée générale il soumettrait ses observations officielles à M. de Rougemont.

Je proteste hautement et énergiquement contre cette allégation, que je déclare absolument contraire à la vérité, tout au moins en ce qui me concerne.

Je ne me suis rendu à Libourne, à l'époque dont il s'agit, que pour connaître le pays et étudier la question de rive qui seule nous préoccupait à ce moment-là, et pour laquelle je suis allé me mettre en rapport avec le préfet de la Gironde, le sous-préfet de Libourne et quelques-uns des maires du pays. Des traités, il n'en a été nullement question, du moins, je le répète, en ma présence.

Du reste, ainsi que le constate M. Bertrand lui-même, les traités ont été préparés par les entrepreneurs, de concert avec le concessionnaire de la ligne, et lorsque celui-ci nous les a apportés, nous les avons reçus, mes collègues et moi, et ensuite proposés à l'approbation de l'assemblée, *parce qu'ils étaient revêtus de la signature*, SANS AUCUNE RÉSERVE, *de M. Bertrand, qui venait*

d'être nommé ingénieur en chef de la Compagnie, EN VUE PARTICULIÈ-
REMENT DE CES MARCHÉS A PASSER.

Ai-je besoin de vous rappeler, monsieur le Président, les
aveux si complets et les explications si détaillées de notre col-
lègue, aveux et explications qui motivèrent la ligne de conduite
adoptée par le Conseil dans la séance du 5 mars 1864? Certes
vous vous en souvenez, et vous avez pu voir que ces révéla-
tions ne m'ont pas moins étonné que les autres membres du
Conseil.

Enfin, si le fait que M. Bertrand avance aujourd'hui, était
vrai, pourquoi aurait-il attendu si longtemps (près de *neuf mois!*)
à le faire connaître, puisqu'il aurait cru y voir, à tort certaine-
ment, une atténuation à lui profitant?...

Je vous renouvelle la prière, monsieur le Président, de vou-
voir bien faire donner lecture à l'assemblée générale de cette
lettre, afin qu'elle demeure annexée au procès-verbal. Elle vous
sera remise seulement dans le cas où les intérèts qui m'ont appelé à Florence m'y retiendraient, bien malgré moi, assez longtemps pour m'empêcher d'aller personnellement fournir ces explications aux actionnaires.

Veuillez agréer, monsieur le Comte, l'assurance de ma haute
considération.

Signé : J. PONIATOWSKI.

M. Bertrand proteste contre les termes de cette lettre, en dé-
clarant que les projets de traités rédigés par MM. Bazile de Framery lui ont été remis par les entrepreneurs eux-mèmes, en
présence du prince Poniatowski, dans une tournée qu'ils ont
faite ensemble sur la ligne, le 10 avril 1863, la veille du passage du préfet de la Gironde à Sainte-Foy, et qui s'est terminée

par un dîner, le même jour, chez M. Benoist, maire de la commune de Saint-Antoine de Breuilh.

A la suite de ces explications, M. le comte Auguste de Bastard dit :

« Je regrette, pour le prince Poniatowski, la triste communi-
» cation de M. Paul Duvergier, car ce qui était un doute dans
» l'esprit de chacun est maintenant une certitude. »

Cette opinion, purement personnelle de M. le comte de Bastard, ne trouve aucun écho dans l'assemblée.

Sur une interpellation de M. Raymond, MM. de Bastard et de Constantin déclarent qu'ils n'ont jamais entendu appliquer à eux seuls les fonds attribués par l'assemblée générale aux cinq administrateurs devant composer le Conseil.

M. Paul Duvergier donne ensuite lecture d'une lettre qu'il dit avoir reçue du maire de Libourne ; cette lettre est ainsi conçue :

(Elle ne s'est pas retrouvée.)

Après quoi, la séance est levée à cinq heures un quart, et continuée au **20 janvier 1866.**

Signé : GUIDOU, président.
Fr. de ROUSSY, } scrutateurs.
PARMENTIER,
H. MATHOREL, secrétaire.

PROCÈS-VERBAL

De la séance du 20 janvier 1866.

RÉUNION GÉNÉRALE DES ACTIONNAIRES

FAISANT SUITE A CELLE DU 16 DÉCEMBRE 1865.

PROCÈS-VERBAL

De la séance du 20 janvier 1866.

RÉUNION GÉNÉRALE DES ACTIONNAIRES

FAISANT SUITE A CELLE DU 16 DÉCEMBRE 1865.

Conformément à la résolution prise le 16 décembre 1865, l'assemblée générale des actionnaires qui s'était continuée au 20 janvier 1866, est entrée en séance ledit jour 20 janvier, à une heure et demie de relevée.

M. le comte Auguste de Bastard déclare qu'il ne lui convient pas de présider les débats, attendu que, suivant lui, la réunion des actionnaires n'aurait pas de caractère suffisamment légal.

M. Guidou, président du Conseil d'administration, accepte la présidence de l'assemblée, au refus de M. de Bastard, et on procède immédiatement à la constitution du bureau.

M. Parmentier est appelé à prendre place à côté de M. le

Président, en qualité de scrutateur. L'absence de M. Dubreuil nécessitant son remplacement, M. de Roussy, porteur de cent actions, est appelé à le remplacer.

Par suite de l'absence de M. Lédrier, qui faisait fonctions de secrétaire, M. Mathorel est appelé par le bureau à remplir lesdites fonctions.

Avant la lecture du procès-verbal de la séance du 16 décembre 1865, M. Parmentier prend la parole pour faire connaître que M. Lédrier l'ayant convoqué le matin même pour quatre heures, et ayant quitté Paris sans se trouver au rendez-vous par lui indiqué, il a dû, pour ne pas retarder plus longtemps l'entrée en fonctions des trois nouveaux administrateurs nommés, signer ce procès-verbal, dont il répudie la rédaction.

Il est ensuite donné lecture du procès-verbal.

De vives discussions s'engagent sur le contenu de ce document, et l'assemblée a à se prononcer sur la question de savoir si ce procès-verbal doit être accepté purement et simplement ou modifié. L'adoption pure et simple du procès-verbal est rejetée. On s'occupe alors des rectifications à y apporter.

La première question qui se présente est celle de savoir si l'on doit maintenir l'analyse des rapports ou si ces rapports doivent être annexés. L'assemblée est unanime pour adopter l'annexion, et unanime également (sauf deux voix, celles de MM. de Bastard et Bertrand) pour rejeter l'analyse qui est surabondante.

M. Bertrand réclame alors qu'on maintienne ses réponses aux détails rapportés dans l'analyse. Il est fait droit à cette demande.

Diverses inexactitudes sont relevées successivement ; elles ont trait :

1° A un passage relatif à la proposition de M. Duvergier, pour vérifier le compte des sommes reçues de la Compagnie, à divers titres, par le directeur et s'élevant à 153,000 francs. M. Duvergier demande que cette proposition soit placée et rédigée à part, après le rapport de la Commission, de manière à établir qu'elle ne faisait point partie de ce rapport. Cette rectification est adoptée.

2° A une phrase où M. le directeur est présenté comme vivement défendu par des actionnaires qui auraient protesté contre les attaques violentes dont il avait été l'objet. La suppression de la phrase est ordonnée.

3° A la question de la liquidation, qui aurait été ou n'aurait pas été mise aux voix. M. de Bastard, consulté, rappelle ses souvenirs et déclare que la liquidation a été mise aux voix et rejetée. Cette décision de l'assemblée devra être rétablie au procès-verbal.

4° A la manière dont il est rendu compte de la nomination des trois administrateurs, et qui n'est pas conforme à ce qui s'est passé dans l'assemblée. L'assemblée, consultée, décide que ce compte-rendu devra être rectifié.

5° A l'analyse d'une lettre de M. le prince Poniatowski. On se prononce pour la suppression de cette analyse et pour l'annexion de la lettre au procès-verbal.

6° A une lettre de M. le maire de Libourne, lue par M. Paul Duvergier. Cette lettre devra également se trouver annexée au procès-verbal.

7° A la manière dont il est rendu compte de la prorogation de l'assemblée, compte qui devra être rectifié.

8° M. Raymond fait observer qu'on a oublié de mentionner que le Conseil d'administration, réduit à deux membres (MM. de Bastard et de Constantin), a déclaré ne pas entendre absorber tous les fonds alloués au Conseil, et ne rien prétendre sur les jetons revenant aux administrateurs démissionnaires. Cette déclaration devra faire l'objet d'un article du procès-verbal.

La lecture terminée, le procès-verbal est adopté avec les rectifications indiquées, dont la rédaction définitive devra être faite par les soins du bureau actuel.

Avant de passer à l'examen et à la discussion des questions pendantes, M. de Bastard dépose une protestation contre l'assemblée actuelle, qui, suivant lui, n'avait pas le droit de se réunir par ajournement, et d'exclure de son sein les actionnaires qui n'avaient pas assisté à la réunion du 16 décembre 1865. Cette pièce est annexée.

MESSIEURS,

L'assemblée générale du 16 décembre dernier a décidé qu'elle se continuerait au 20 janvier 1866, afin d'entendre, dans cette réunion, le rapport des administrateurs sur l'état de la Société.

D'un autre côté, les statuts de la Compagnie n'ont prévu, dans aucun cas, le droit d'ajournement, à long délai, d'une assemblée générale, et la réunion de ce jour constitue, selon mon opinion, une assemblée distincte de celle du 16 décembre.

Or, les formalités à suivre pour les convocations sont définies par les articles 30 et 31 des statuts. L'article 30, en particulier, veut que les convocations soient faites par un avis inséré, au {moins quinze jours avant l'époque de la réunion, dans un des journaux d'annonces légales de Paris, Bordeaux, Libourne et Bergerac.

Aucune de ces formalités n'a été remplie; les actionnaires de l'assemblée du 16 décembre ont seuls été appelés, par lettre individuelle, à prendre part à la réunion d'aujourd'hui, à l'exclusion absolue de tout autre actionnaire.

En conséquence, sans prétendre que l'assemblée du 16 décembre n'a pas le droit de se proroger à bref délai, je déclare considérer la réunion du 20 janvier 1866 comme contraire aux statuts, en ce sens qu'elle est attentatoire aux droits les plus incontestables de la masse des actionnaires.

Et je requiers l'insertion de ma déclaration au procès-verbal de la séance.

M. David lit une protestation analogue. Il proteste, en outre, contre la nomination des nouveaux administrateurs, auxquels il avait cependant donné sa voix le 16 décembre 1865, à l'exception de M. Guidou, contre la nomination duquel il avait voté.

On pose à M. David la question suivante : « *Voulez-vous* » *faire connaître les actionnaires que vous représentez et au nom des-* » *quels vous protestez ?* »

M. David désigne alors M. Bauby. On lui fait observer que M. Bauby a retiré les actions par lui déposées. — A l'égard des autres actionnaires qu'il prétend représenter, il garde le silence. — La constatation de sa protestation au procès-verbal est mise aux voix et rejetée.

M. le Président donne connaissance d'un incident grave. Il s'agirait de l'impression du procès-verbal de la séance du 16 décembre, qui aurait été faite par les ordres de M. de Bastard chez M. Chaix, imprimeur de la Compagnie, et envoyée à des actionnaires de Libourne.

M. de Bastard donne à cet égard quelques explications. Il aurait fait commencer l'impression ; il l'aurait ensuite suspendue, par suite de la décision du Conseil d'administration, qui avait interdit toute publicité provisoirement. Enfin, M. Lédrier aurait emprunté la composition qu'il lui aurait prêtée, et serait, en réalité l'auteur, de la publication.

M. le Président lit le rapport qu'il a fait, d'accord avec MM. Raymond et Carré de la Crosnière. Il annonce que ce rapport est l'œuvre de ces trois administrateurs seulement, mais que les solutions qui doivent être proposées à l'Assemblée ont été adoptées par le Conseil d'administration tout entier.

Suit la lecture du rapport.

Messieurs,

Lorsque dans la première séance de votre assemblée, vous nous avez appelés à l'honneur de vous représenter, nous ne nous sommes dissimulé ni la gravité, ni la difficulté de notre mandat.

Ceux de vos représentants auxquels vous vouliez nous adjoindre paraissaient convaincus que votre Société n'avait plus qu'à se dissoudre, et vous, par un instinct de conservation propre aux êtres collectifs comme aux individus, vous pensiez que vos maux pouvaient encore trouver des remèdes.

C'est dans ce dernier sens que nous avons compris notre mission et nous venons vous faire connaître notre opinion.

Au premier aspect il semblait qu'il n'y avait qu'à se laisser aller au découragement. En effet, nous trouvions :

Votre caisse vide;

Un personnel trop nombreux pour ce qu'il avait à faire

depuis plusieurs mois, découragé par le non paiement de ses appointements arriérés, hostile, en général, aux nouveaux venus chargés d'étudier et d'éclairer la situation;

Un débiteur très-important, et qui méconnaissant la faveur avec laquelle il avait été traité par l'adhésion donnée à son concordat amiable, ne voyait de salut pour lui que dans la dissolution de votre Société, dissolution qui avait pour résultat de le libérer au moyen d'un dividende quelconque de la dette principale que la possession de 12,000 actions faisait peser sur lui dans le présent et dans l'avenir;

Des entrepreneurs, dont les traités majorés à l'origine par la considération des actions que le souscripteur de ces 12,000 actions leur donnait en paiement, réduits de 2 millions par suite de la reprise de ces actions, n'avaient plus été depuis la transaction faite avec eux et sanctionnée par vous, que la source de procès incessants et ruineux pour les deux parties;

Un directeur dont le concours se trouvait attaché à tous les actes du passé, et qui devait croire difficilement à l'achèvement d'une œuvre par lui si mal commencée;

Et cependant, Messieurs, nous n'avons pas cédé à ce découragement, et nous avons été assez heureux pour arriver sans liquidation ni faillite jusqu'à ce jour, où votre sort futur ne dépend plus que de vous-mêmes.

Jetons un coup d'œil rapide sur votre situation financière telle qu'elle a été établie au 30 novembre 1865 :

Vous deviez alors pour dépenses ordonnancées et non soldées, en nombres ronds................ Fr.   373,000 »

A divers, pour dépenses non ordonnancées, en nombres ronds................   320,000 »

A vos entrepreneurs, MM. de Framery,

A reporter.....   693,000 »

Report.....	693,000	»
par approximation......................	1,600,000	»
Fr.	2,293,000	»

Ajoutons à ce passif signalé par le bilan à nous remis par M. Duraux, l'ancien chef de votre comptabilité, une somme de....   57,000 »

Le total du passif actuel est de......... Fr. 2,350,000 »

Les terrains restant à acquérir et à payer pour l'achèvement du chemin jusqu'à Bergerac sont évalués par votre directeur à.   1,300,000 »

Ses évaluations pour les travaux restant à faire entre Libourne et Castillon sont de...................... F. 150,000 »

Entre Castillon et Sainte-Foy de.................. 1,000,000 »

La traversée de la Dordogne à Sainte-Foy.............. 1,200,000 »

Entre Sainte-Foy et Bergerac.................. 900,000 »

Fr. 3,250,000 »   3,250,000 »

Fr. 6,900,000 »

Dans ces évaluations que nous croyons plutôt trop fortes que trop faibles, ne sont pas comprises les dépenses des travaux restant à faire par MM. de Framery, entrepreneurs de votre matériel fixe et de votre matériel roulant.

Ces messieurs ayant annoncé l'intention de vous laisser disposer de toutes vos ressources pour l'achèvement des travaux, qui seul peut vivifier vos actions, en ne recevant que ce qui leur sera strictement nécessaire pour satisfaire leurs sous-traitants; il ne nous reste qu'à récapituler ces ressources:

Nous trouvons que votre capital actions est encore intact pour...................................... Fr. 4,000,000 »

Que les actions en retard vous doivent, y compris la liquidation Rougemont condamnée à vous payer 600,000 francs..... 750,000 »

Que pour votre créance de banque contre cette liquidation Rougemont, vous avez à espérer un dividende qui ne sera pas inférieur à............................... 130,000 »

Que vos obligations en y comprenant les 3,660 dont MM. Watel et Nobilet vous doivent compte, s'élèvent à 9,203 pour celles de la première série, lesquelles cotées à 150 francs seulement donnent........... 1,380,450 »

Que les 16,000 obligations de la deuxième série, à ce prix de 150 francs, présentent une ressource de...................... 2,400,000 »
____
8,660,450 »

Si au lieu de 150 francs vos obligations que jamais votre Société n'a négociées au-dessous de 250 francs, que le public, avant les procès, a achetées au-dessus de ce cours représentent une valeur de 200 francs, il faut ajouter à ces ressources pour 25,203 obligations............................. 1,260,150 »
____
Ce qui porte le total de vos ressources à 9,920,600 »

Lorsqu'en présence de cette situation on parle de votre mise en liquidation, de votre mise en faillite, il est évident que l'on est mu par d'autres intérêts que ceux du salut de

vos versements antérieurs, dont l'une ou l'autre de ces me·
sures est l'anéantissement immédiat.

Si votre situation était à ce point désespérée, nous n'aurions pas à vous entretenir d'une proposition qui vous est
faite par MM. Bruant et Cie, entrepreneurs de travaux publics,
qui soumissionnent à des conditions dont nous allons vous
donner lecture, les travaux de terrassement et d'art restant à
exécuter pour l'entier achèvement de votre ligne, et qui
demandent pour cette exécution, un délai de vingt mois.

Si l'offre de MM. Bruant et Cie, qui, dans l'opinion de votre
directeur comme dans celle de M. Bazaine, ingénieur en chef
des ponts et chaussées, doit être prise en considération, se
traduisait en un traité définitif, vous auriez la certitude de
l'exécution de vos travaux pour l'achèvement de la ligne.

En effet, ce point étant donné que les marchés de MM. de
Framery, modifiés par la transaction que votre précédent
Conseil d'administration a faite avec eux, leur sont avantageux,
ils ont un intérêt évident, ainsi que leurs sous-traitants, à
l'exécuter, et s'ils se trouvent par une circonstance quelconque à eux personnelle, dans l'impossibilité de le faire leur
remplacement ne saurait offrir à la Compagnie aucune difficulté, il y aurait seulement à régler avec eux pour l'avenir,
les conditions de cette exécution et les concessions qu'ils ont
paru disposés à faire, lorsqu'ils auraient la certitude de n'avoir
plus à plaider, mais seulement à travailler.

Considérant la mission que nous avions reçue de vous,
Messieurs, comme une mission de pacification, nos premiers
efforts se sont tournés vers la liquidation Rougemont avec laquelle nous aurions été heureux de conclure un traité, qui
aurait mis fin à tout débat judiciaire avec elle, mais nos tentatives à cet égard sont demeurées stériles.

Quelle est cependant la situation de cette liquidation envers
votre Société?

Lorsque votre précédent Conseil d'administration a souscrit au concordat amiable demandé par son banquier, ce dernier lui devait, suivant les comptes dressés par votre comptabilité, une somme d'environ 1,500,000 francs ; suivant ceux dressés par M. Rougemont, une somme d'environ 1,300,000 francs.

La liquidation Rougemont possédait en outre 12,000 de vos actions libérées de moitié, et qu'elle considérait alors comme un actif pour la masse.

Cet actif ne pouvait dans la pensée de tous exister qu'à la condition d'opérer le versement des appels de fonds faits et à faire, et à défaut de ce versement la liquidation Rougemont devait à la société de Libourne à Bergerac le dividende par elle promis à tous ses créanciers sur les trois millions de francs dont les actions étaient encore débitrices.

Cette situation vraie à l'égard de la maison Rougemont, si la faillite avait été déclarée, ne l'est pas moins à l'égard de la maison Rougemont ayant fait un concordat amiable avec ses créanciers.

Or, comme la liquidation Rougemont a déjà donné 25 0/0 à sa masse, elle doit de ce chef à la Compagnie de Libourne à Bergerac pareils 25 0/0, soit sur les 3 millions dont les 12,000 actions ne sont pas libérées 750,000 francs. Si l'on ajoute à cette somme ce qui peut rester à payer sur la créance de banque réunie à ces 3 millions, et formant un total de 4,500,000 francs, soit 5 0/0 pour compléter les 30 0/0 environ que paraît devoir donner M. Rougemont à sa masse, on a une somme de 225,000 francs, laquelle ajoutée aux 750,000 francs ci-dessus, constitue la maison Rougemont en liquidation débitrice à ce jour envers votre société de 975,000 francs.

C'est dans cette position que nous avons abordé M. Rougemont et ses commissaires, pour leur demander de nous verser à titre d'à-compte, pour l'appliquer à vos dettes courantes, une somme de 80 à 100,000 francs à valoir, leur offrant, en ce qui concerne leurs actions, l'alternative ou de nous verser les 600,000 francs, formant l'appel de fonds de 50 francs auquel nous avons tous satisfait, lesquels 600,000 francs paraissent avoir été mis en reserve, et de distribuer leurs 12,000 actions entre tous leurs créanciers nous compris, ou de se renfermer dans leur concordat amiable et de nous verser les 750,000 francs auxquels nous avons droit, ainsi que cela a été expliqué ci-dessus, s'ils ne veulent désormais considérer ces actions que comme un passif.

A ces démarches il a été opposé une force d'inertie d'abord, puis un refus formel de nous verser l'acompte demandé inférieur à ce à quoi notre créance de banque nous donne droit, puis des hostilités dont il nous reste à vous entretenir.

Ces hostilités se sont traduites en une assignation en déclaration de faillite qui nous a été suscitée par quelques porteurs de nos obligations à raison du défaut de paiement de leurs intérêts échus le premier janvier.

Au nombre des personnes que l'on a fait agir contre nous se trouve M. Dejax, employé à la gare de Rennes, qui, le 17 de ce mois, nous a spontanément adressé une lettre ainsi conçue :

« Rennes, le 17 janvier 1866.

« *Messieurs les administrateurs de la Compagnie du chemin de fer de*
» *Libourne à Bergerac, 60, rue de la Victoire, Paris.* »

» Je crois devoir vous faire connaître que porteur de 19
» obligations de votre Compagnie et ayant adressé à l'encais-
» sement les coupons échéant le 1er janvier, j'ai reçu de la
» Société créancière qui s'en trouve détenteur l'avis du non
» paiement, accompagné d'un projet de pouvoir que j'ai signé

» à mon regret, trop précipitamment, à la date du 5 janvier
» courant.

» Des renseignements qui me sont donnés de meilleure
» source, me font un devoir de révoquer la procuration que
» j'ai signée, et c'est dans le but d'éviter qu'il en soit fait
» usage, que j'ai l'honneur de vous en informer, en vous
» priant de vouloir bien m'accuser réception de la présente
» si vous le jugez utile.

» Veuillez agréer, etc., etc.

» *Signé* : Emile Dejax. »

La lecture de cette lettre suffit pour établir que ces poursuites nous ont été suscitées par des adversaires qui se pré-
occupaient moins de servir leurs mandants que de nuire à
votre Société.

Sur l'appel de cette assignation en déclaration de faillite,
le tribunal de commerce a mis l'affaire en délibéré et con-
tinué à quinzaine pour connaître le résultat de votre assemblée actuelle. Ce résultat en habilitant votre Conseil d'administration à faire des emprunts, dont vos statuts lui refusent
le droit, sera d'amener le paiement des intérêts de vos obligations et de faire tomber ces poursuites qui demeureront
une honte pour ceux qui les ont suscitées.

Cette assignation, en déclaration de faillite, n'a pas été
isolée ; un autre porteur d'une obligation a eu le courage
d'assigner en déclaration de faillite, pour défaut de paiement
de 7 fr. 50 c., montant de l'intérêt à lui dû, mais nous nous
abstiendrons de vous dire son nom, parce qu'en payant aux
mains de l'huissier les causes de cette assignation, il nous a
été dit qu'il avait pour représentant l'un de vos actionnaires,

M. David, qui n'a pas trouvé d'autre marque d'intérêt à témoigner à la Compagnie, qu'il a prise sous son patronage.

Il est bien difficile de séparer cette dernière assignation de la précédente, qu'elle avait évidemment pour but de fortifier.

Nous avons, Messieurs, à vous entretenir d'un fait bien dommageable à vos intérêts et à l'énoncé duquel nous nous bornerons en vous demandant l'autorisation d'en poursuivre la réparation.

Lors de votre assemblée générale du 5 août dernier, vous avez approuvé un emprunt fait à MM. Watel et Nobilet, sur garantie de 2,660 de vos obligations.

Cet emprunt étant venu à échéance, MM. Watel et Nobilet, pour accorder de nouveaux délais, ont exigé un supplément de garantie de 1,000 obligations. M. Carré de la Crosnière ayant, pour les motifs qu'il vous a expliqués à votre précédente séance, donné sa démission et refusé de concourir à ce supplément de garantie, il a été concédé par MM. de Bastard et de Constantin, restés seuls administrateurs.

Le 6 décembre dernier, la créance de MM. Watel et Nobilet étant devenue exigible, ils ont signifié à la Compagnie une mise en demeure, en annonçant l'intention de faire vendre à la Bourse les 3,660 obligations qui leur servaient de gage, sans tenir compte d'une opposition à eux signifiée le 5 décembre à la requête de M. de Framery fils, opposition dénoncée à la Compagnie en la personne de son directeur le 8 dudit mois de décembre, avec assignation à huitaine en validité de cette opposition.

C'est alors que vos deux administrateurs restants, dont l'un en sa qualité de Président, avait voix prépondérante en cas de partage, mais qui, aux termes de l'article 18 de vos statuts, ne pouvaient valablement délibérer qu'au nombre de trois, ont jugé à propos, sans s'être préalablement complétés, comme l'article **20** de vos statuts leur en donnait le droit, de faire introduire, à la requête de la Compagnie, le **14** décembre **1865**, sans faire aucune mention de l'opposition dont ils avaient connaissance, un référé sur lequel M. le président du tribunal a rendu une ordonnance ainsi conçue :

« Nous, président, ouï Castaignet, avoué des administra-
» teurs de la Compagnie anonyme du chemin de fer de
» Libourne à Bergerac ;

» De Bretonne, avoué de Watel et Nobilet,

» Donnons défaut contre Moreau non comparant ;

» Donnons acte du consentement des demandeurs à la vente
» en Bourse, par ministère d'agent de change, de **3,660** obli-
» gations de la Compagnie du chemin de fer de Libourne à
» Bergerac, remis en nantissement à Watel et Nobilet ;

» Et attendu que les parties sont d'accord pour s'en re-
» mettre au syndic des agents de change qui a connaissance
» des haussetés, des convenances et des possibilités de la
» Bourse de Paris, du soin et de la conduite de cette vente;

» Disons que les **3,660** obligations dont s'agit, que Watel et
» Nobilet sont autorisés à vendre, ne pourront être vendues
» que par le ministère de Moreau, syndic des agents de
» change que nous commettons, lequel prenant en considéra-
» tion l'intérêt des créanciers gagistes appréciera seul l'oppor-
» tunité des ventes, l'utilité des lotissements et le mode de
» procéder chaque jour, avec faculté même de suspendre les
» ventes par intervalles;

» Ce qui sera exécutoire par provision nonobstant appel;

» Commettons Joniot, huissier-audiencier, pour lui signifier
» notre ordonnance. *Signé :* THIÉBLIN, juge, faisant fonctions
» de président, et GRANDJEAN, greffier.

» Enregistré à Paris, le **21** décembre **1865**, f° **27** case **6**,
» reçu 3 fr. 45 c., décime compris. *Signé :* LEBLOND.

» Par le président. *Signé :* SMITH. »

L'exécution sur minute de cette ordonnance n'a point été ordonnée et elle n'a été délivrée en expédition qu'à une date postérieure aux faits ci-après, que je puise dans une signification faite à la requête de MM. Watel et Nobilet, le 28 décembre 1865.

M. Moreau, syndic des agents de change, requis de procéder en vertu de cette ordonnance qui n'était alors ni levée ni signifiée, a vendu pour MM. Watel et Nobilet :

Le 18 décembre, 10 obligations au prix de 90 francs.

Le 19 décembre, 520 obligations au même prix de 90 francs.

Le 21 décembre, 2,058 obligations au prix de 98 fr. 35 c.

500 au prix de 97 fr. 50 c.

50 au prix de 100 francs.

Par suite, en supposant que les obligations soient d'une valeur effective de 200 francs, la Compagnie a perdu par le fait de cette exécution une somme de 323,000 francs.

La majorité de votre Conseil a pensé qu'une semblable opération ne pouvait être acceptée par lui ; elle a chargé Me Hardy, avoué, de signifier une protestation pour réserver les droits de l'assemblée, et cette affaire appellera de votre part une résolution.

Nous devons appeler votre attention sur cette circonstance, qu'à votre dernière réunion il n'a été fait aucune mention, ni par vos administrateurs d'alors, ni par votre directeur, de cette affaire Watel et Nobilet, et de la procédure qui s'accomplissait au moment même où on vous appelait à délibérer sur la dissolution de votre Société que vous avez écartée par votre vote.

Nous ne savons pas précisément pour quel motif depuis votre précédente réunion, on s'est attaché à soutenir que de nouveaux actionnaires devaient être introduits dans votre assemblée ; cette thèse a été reproduite à plusieurs reprises par l'un de vos administrateurs, M. de Bastard, dans le sein de votre Conseil d'administration.

Elle s'est manifestée extérieurement par un procès-verbal dressé à la requête de M. David, et dont nous allons vous donner connaissance; mais nous avons pensé avec Me Hardy, consulté à cet égard, que votre assemblée ne pouvait être ouverte qu'à ceux qui, à la date du 16 décembre, avaient seuls le droit d'y assister, et que nous devions nous borner à leur adresser une lettre de rappel, tout élément nouveau introduit dans cette assemblée pouvant avoir pour résultat de créer une irrégularité; tandis que si de nouvelles mesures, dans l'intérêt général, étaient à prendre par suite de faits nouveaux intéressant la Société, elles ne pourraient être valablement soumises qu'à une autre assemblée spéciale et extraordinaire, que nous vous engageons à fixer au plus prochain jour, ainsi que vous le verrez par la lecture de diverses propositions que le Conseil a décidé de vous soumettre.

Pour ne pas perdre de temps dans les circonstances graves qui pèsent sur votre Société, nous avons sollicité de Son Excellence le ministre des travaux publics, une audience pour lui rendre compte de ce qui se sera passé aujourd'hui dans l'assemblée et du. résultat de vos délibérations; cette audience nous a été accordée pour mardi 23 décembre, à midi, et nous avons lieu de penser que vos intérêts trouveront, dans l'administration, un appui qui n'a jamais fait défaut aux causes justes dont elle a été appelée à connaître.

RÉSOLUTIONS PROPOSEES.

1° Sur les comptes.

L'assemblée générale ajourne l'approbation des comptes de l'exercice 1864, jusqu'à la présentation de ceux de l'exercice 1865, qui aura lieu dans la plus prochaine assemblée générale. Elle continue les pouvoirs par elle donnés à ses commissaires pour l'examen de ces comptes.

2° Sur les nécessités d'emprunt.

L'assemblée générale autorise, en vertu de l'article 28 des statuts sociaux, son Conseil d'administration à emprunter toutes sommes nécessaires aux besoins de la Société, jusqu'à concurrence, au maximum, de 1,200,000 francs.

Ces emprunts pourront être faits, soit avec dation d'hypothèque, soit sur nantissement d'obligations de la Société, soit par voie de transport avec ou sans garantie des créances appartenant à ladite Société.

3° Sur la proposition de MM. Bruant et Cᵉ, relative à l'exécution des travaux de terrassement et d'art, restant à exécuter.

L'assemblée générale estime qu'il y a lieu de prendre cette proposition en considération. Elle charge son Conseil d'administration d'en suivre la négociation, en prenant les avis de M. Bazaine, ingénieur en chef des ponts et chaussées, et de réserver l'approbation de l'assemblée générale extraordinaire qui devra être convoquée, dans les termes des statuts, pour le samedi 17 février 1866.

4° Sur l'exécution des obligations par MM. Watel et Nobilet.

L'assemblée décide que son Conseil d'administration devra poursuivre, par toutes voies de droit, l'annulation des actes au moyen desquels elle a été dépossédée de ces obligations, et éventuellement la réparation du préjudice qui en est résulté pour elle.

5° Sur les divers procès pendants et sur les versements à faire par les actionnaires en retard.

L'assemblée charge son Conseil d'administration de lui faire, à l'assemblée extraordinaire dont le jour vient d'être fixé, un rapport sur l'état de ces procès, et sur la possibilité de leur conclusion amiable. Elle lui donne mission spéciale de contraindre ceux des actionnaires en retard à faire leurs versements dans le plus bref délai.

Les cinq propositions soumises par le Conseil d'administration au vote de l'assemblée sont successivement et séparément adoptées, moins une voix qui est celle de M. David.

Pendant la mise aux voix de la proposition relative aux comptes des exercices 1864 et 1865, M. Bertrand a demandé que la Commission des comptes soit complétée par suite de la retraite de M. Walbaum; mais M. Walbaum ayant déclaré qu'il continuerait à agir comme commissaire, il n'est pas donné suite à la motion de M. Bertrand.

M. le comte Auguste de Bastard communique à M. le Président une lettre rectificative à lui adressée, en sa qualité de

Président, par M. le prince Poniatowski. La lecture en est faite à l'assemblée qui en ordonne l'annexe au procès-verbal.

Monsieur le comte Auguste de Bastard, membre du Conseil d'administration de la Compagnie du chemin de fer de Libourne à Bergerac, à Paris,

MONSIEUR LE COMTE,

Je m'aperçois qu'il s'est glissé une erreur dans la lettre que j'ai eu l'honneur de vous adresser, le 10 décembre dernier.

C'est au mois de février 1864 que nous avons entendu parler, pour la première fois, d'une majoration existant dans les traités de MM. de Framery, et d'un rapport de M. Bertrand, signalant cette majoration à M. de Rougemont.

Ce n'est qu'au mois de novembre 1865 que, pour la première fois, M. Bertrand, dans le but évident de me faire partager sa responsabilité, a essayé de faire croire que j'avais eu connaissance du contenu des susdits traités *avant* qu'il ne les eût signés.

C'est donc par erreur (erreur de calcul fait à la hâte), que j'ai dit, dans ma lettre sus-mentionnée, que ce n'est qu'après *neuf mois* que M. Bertrand met en avant ce triste moyen de défense, après en avoir essayé un autre. J'aurais dû dire : *après vingt-et-un mois*.

Je viens vous prier, monsieur le Comte, de vouloir bien annexer la présente rectification à ma lettre du 10 décembre, et agréer l'expression de ma haute considération.

Signé : J. PONIATOWSKI.

M. le directeur prend la parole au sujet de cette lettre. Il fait diverses observations sur l'impossibilité où il est de répondre immédiatement, à cause de la non-présence de M. le prince Poniatowski dans l'assemblée, mais il répondra tant à cette nouvelle lettre qu'à la précédente, lors de la prochaine assemblée. Il dépose ensuite sur le bureau ses notes sur le rapport de la Commission chargée de vérifier les comptes de 1864, en demandant que la remise en soit faite aux commissaires : ce qui a lieu.

L'assemblée refuse la lecture d'une lettre adressée à **M.** le comte de Bastard, particulièrement par M. Lédrier, et on passe à l'ordre du jour.

M. Bassié fait une proposition ainsi conçue : « L'assemblée » émet le vœu que la révocation de M. Bertrand soit prononcée » par le Conseil d'administration. »

Cette proposition étant appuyée par d'autres membres, le vote au scrutin secret est réclamé par M. Bertrand et accepté par l'assemblée. Il y est procédé, et il donne pour résultat :

62 voix pour l'adoption de la proposition.

16 voix contre.

En conséquence, la proposition est adoptée.

M. Bertrand dépose alors sur le bureau une note écrite par lui et contenant des interpellations qu'il adresse à M. de Framery fils.

« Dans mon rapport officiel au Conseil d'administration, » en date du 27 novembre 1865, j'ai signalé que les études » faites par les ingénieurs de l'Etat, qui ont servi de base à » l'adjudication du 16 juin 1862, avaient évalué les dépenses » d'établissement du chemin de fer de Libourne à Berge- » rac, au chiffre de 15 millions de francs. Une subvention » de 5 millions offerte au concessionnaire devait laisser une » dépense totale de 10 millions seulement à la charge de la » Compagnie.

» Non-seulement la subvention a été refusée, mais encore
» la souscription des actions a été ouverte au public (du 17
» au 31 juillet 1862), sur un capital de *19,500,000 francs :*
» avec l'avance au moins hasardée, d'un dividende de 59 fr.
» 11 c. par action de 500 francs : soit plus de 11 fr. 82 c. 0/0.

» C'est **M.** *Bazile de Framery fils qui s'est chargé de réaliser le*
» *capital social dans de pareilles conditions,* en vertu de la procu-
» ration en date du 6 mars 1862, qu'il avait reçue à cet effet
» du Conseil d'administration provisoire.

» Des explications ont été demandées sur ce fait si grave à
» l'assemblée générale du 16 décembre 1865, par M. Lédrier,
» secrétaire de l'assemblée ; mais, suivant le système trop
» souvent pratiqué jusqu'à ce jour, l'attention de l'assemblée
» a été détournée de la question principale par des discus-
» sions de personnes.

» Et cependant le germe réel et incontestable de toutes les
» difficultés qui entravent la marche de nos affaires se trouve
» dans la constitution même du capital social.

» Ce capital a été définitivement fixé au chiffre de 18 mil-
» lions, dont 10 millions en actions et 8 millions en obliga-
» tions.

» Puisque les charges de la Compagnie n'auraient pas dû
» excéder 10 millions, il en résulte que le prélèvement
» des intérêts de 8 millions d'obligations une fois opéré, il
» ne restera chaque année, pour le dividende à répartir entre
» les actionnaires ayant versé 10 millions que l'intérêt de
» 2 millions.

» La position est assez grave pour que des explications
» nettes et catégoriques soient demandées aux personnes qui
» l'ont créée.

» Je demande en conséquence, en ma qualité d'actionnaire,
» que M. Bazile de Framery fils, assistant à cette réunion,
» soit invité à fournir à l'assemblée, l'indication des motifs qui,

» dans l'intérêt des actionnaires, ont pu diriger sa conduite.

» Je demande, en outre, que la présente déclaration soit
» insérée au procès-verbal de la séance, ainsi que les expli-
» cations qui seront fournies par M. Bazile de Framery fils.

» *Signé :* O. BERTRAND. »

» Paris, le 20 janvier 1866.

Ce dernier répond qu'en qualité de mandataire, il ne doit de compte qu'à ses mandants ; il s'élève contre M. Bertrand et contre M. de Bastard, auxquels il impute l'état actuel des affaires de la Société.

Après cette discussion, trois membres de l'assemblée proposent que M. de Bastard soit révoqué de ses fonctions d'administrateur, et qu'il soit procédé à son remplacement.

Cette proposition étant appuyée, M. le président la met aux voix. Elle est adoptée.

Trois membres seulement se prononcent pour le maintien de M. de Bastard.

M. de Roussy est proposé pour remplacer M. de Bastard.

Son admission est mise aux voix et adoptée, aucune voix contraire ne s'étant élevée à la contre-épreuve.

Après quoi, rien n'étant plus à l'ordre du jour, la séance est levée à quatre heures et demie.

Ainsi signé :

GUIDOU, *Président.*

PARMENTIER, }
DE ROUSSY, } *Scrutateurs.*

MATHOREL, *Secrétaire.*

IMPRIMERIE CENTRALE DES CHEMINS DE FER. — A. CHAIX ET Cᵉ, RUE BERGÈRE, 20, A PARIS. — 719.